editora scipione

Presidência: Mario Ghio Júnior

Direção editorial: Lidiane Vivaldini Olo

Gerência editorial: Viviane Carpegiani

Gestão de área: Tatiany Renó

Edição: Luciana Nicoleti (coord.), Renato Malkov (coord.), Ana Lúcia Militello, Danuza Dias Gonçalves, Milena de Souza Rocha (assist.) e Natália Kessuani Bego Maurício

Planejamento e controle de produção: Flávio Matuguma, Juliana Batista, Felipe Nogueira e Juliana Gonçalves

Revisão: Hélia de Jesus Gonsaga (ger.), Kátia Scaff Marques (coord.), Rosângela Muricy (coord.), Brenda T. M. Morais, Carlos Eduardo Sigrist, Daniela Lima, Gabriela Macedo de Andrade, Heloísa Schiavo, Kátia S. Lopes Godoi, Luciana B. Azevedo, Luís M. Boa Nova, Luiz Gustavo Bazana, Patricia Cordeiro; Amanda T. Silva e Bárbara de M. Genereze (estagiárias)

Arte: Claudio Faustino (gestão), Erika Tiemi Yamauchi (coord.), Yong Lee Kim (edição de arte)

Iconografia e tratamento de imagem: Sílvio Kligin (ger.), Claudia Bertolazzi (coord.), Camila Losimfeldt (pesquisa iconográfica), Fernanda Crevin (tratamento de imagens)

Licenciamento de conteúdos de terceiros: Roberta Bento (gerente); Jenis Oh (coord.); Liliane Rodrigues; Flávia Zambon e Raísa Maris Reina (analistas de licenciamento)

Ilustrações: Bruna Assis Brasil (Aberturas de unidade), Ari Nicolosi, Fabiana Salomão, Fabiana Shizue, Lucio Bouvier

Design: Gláucia Correa Koller (ger.), Talita Guedes da Silva (proj. gráfico e capa)

Ilustração de capa: Ideario Lab

Todos os direitos reservados por Somos Sistemas de Ensino S.A.
Avenida Paulista, 901, 6º andar – Bela Vista
São Paulo – SP – CEP 01310-200
http://www.somoseducacao.com.br

Dados Internacionais de Catalogação na Publicação (CIP)

```
Morino, Eliete Canesi
    Marcha criança : educação infantil : lingua inglesa :
1 e 2 / Eliete Canesi Morino, Rita Brugin. -- 3. ed. --
São Paulo : Scipione, 2020.
    (Coleção Marcha Criança ; vol. 1 e 2)

    Bibliografia

    1. Lingua inglesa - Educação infantil I. Titulo II.
Brugin, Rita III. Série

19-2855                                    CDD 372.65
```

Angélica Ilacqua - Bibliotecária - CRB-8/7057

2023
Código da obra CL 745857
CAE 720166 (AL) / 720167 (PR)
ISBN 9788547402594 (AL)
ISBN 9788547402600 (PR)
3ª edição
5ª impressão
De acordo com a BNCC.

Impressão e acabamento: Bercrom Gráfica e Editora

Uma publicação

A CAPA DESTE LIVRO PODE SER PERSONALIZADA PELA CRIANÇA DA MANEIRA COMO ELA QUISER. INCENTIVE ESTA ATIVIDADE. CERTAMENTE A TURMA VAI ADORAR!

EDUCAÇÃO INFANTIL

LÍNGUA INGLESA

1

ELIETE CANESI MORINO

Graduada em Língua e Literatura Inglesa e Tradução e Interpretação pela Católica de São Paulo (PUC-SP).
Especialização em Língua Inglesa pela International Bell School of London.
Pós-graduada em Metodologia da Língua Inglesa pela Faculdade de Tecnologia e Ciência (FTC-BA).
Atuou como professora da rede particular de ensino e em projetos comunitários.

RITA BRUGIN DE FARIA

Graduada pela Faculdade Superior de Arte Santa Marcelina (FASM-SP) e pela Faculdade Paulista de Artes (FPA).
Especialização em Língua Inglesa pela International Bell School of London.
Pós-graduada em Metodologia da Língua Inglesa pela Faculdade de Tecnologia e Ciência (FTC-BA).
Especialista em alfabetização, atuou como professora e coordenadora pedagógica das redes pública e particular de ensino.

MEU NOME: ....

MINHA TURMA: ....

APRESENTAÇÃO

QUERIDO ALUNO, QUERIDA ALUNA,

QUANTO MAIS CEDO COMEÇAMOS A ESTUDAR A LÍNGUA INGLESA, MAIS FÁCIL É APRENDÊ-LA!

COM A COLEÇÃO **MARCHA CRIANÇA**, VOCÊ VAI APRENDER DE MANEIRA DIVERTIDA, COM BRINCADEIRAS, CANÇÕES, JOGOS, CONTAÇÃO DE HISTÓRIAS, EXPERIMENTAÇÕES E OUTRAS ATIVIDADES.

TEMOS CERTEZA DE QUE VOCÊ VAI ADORAR ESTUDAR INGLÊS!

HAVE A NICE TIME!

AS AUTORAS

NAME:

....

....

CLASS:

....

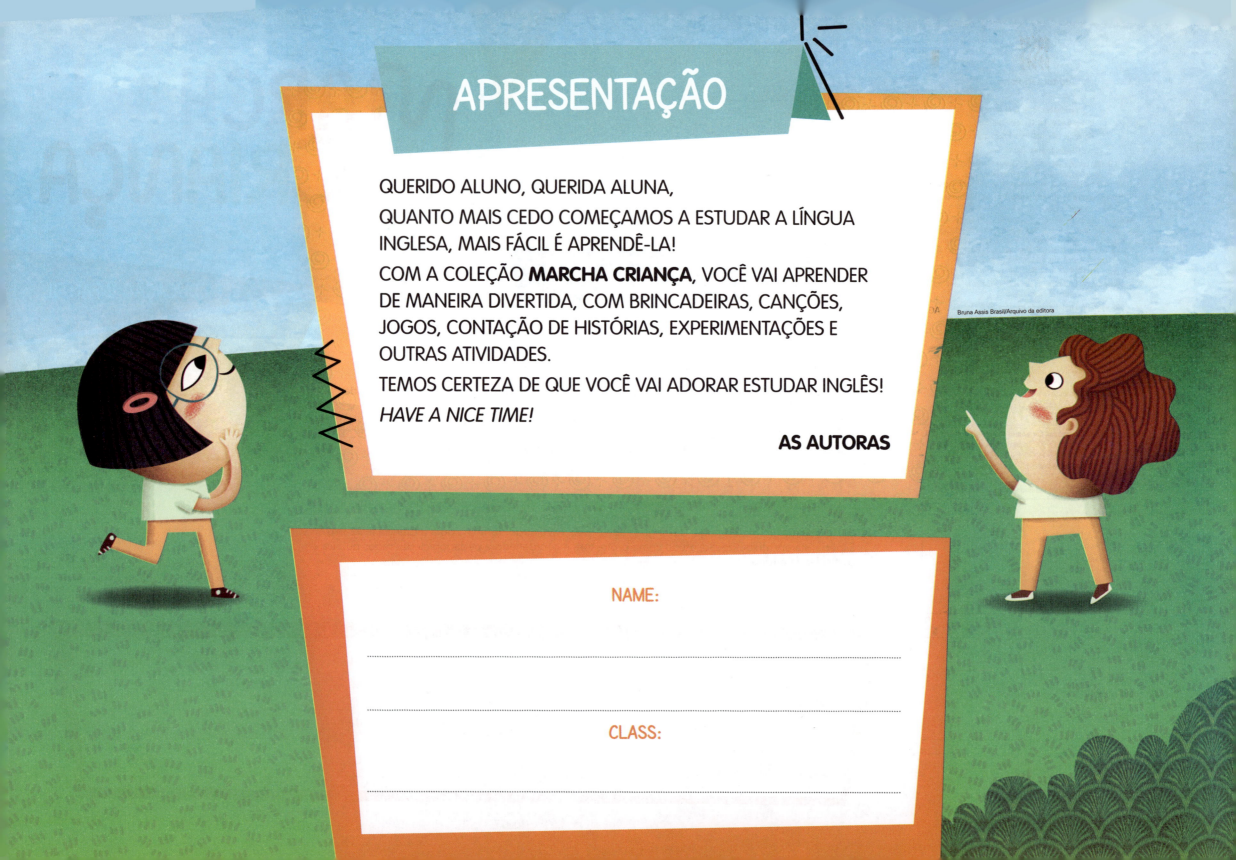

CONHEÇA SEU LIVRO

VEJA A SEGUIR COMO SEU LIVRO ESTÁ ORGANIZADO.

UNIT

SEU LIVRO TEM QUATRO UNIDADES. EM CADA UMA DELAS VOCÊ VAI PARTICIPAR DE BRINCADEIRAS E INTERAGIR COM A TURMA.

LET'S SING!

AQUI VOCÊ ENCONTRA CANÇÕES SOBRE DIVERSOS TEMAS PARA OUVIR E CANTAR COM OS COLEGAS E O PROFESSOR.

IT'S YOUR TURN!

VOCÊ TAMBÉM VAI PARTICIPAR DE ATIVIDADES DE EXPERIMENTAÇÃO, EXPLORAR TEMAS IMPORTANTES E VIVENCIAR NOVAS PRÁTICAS.

LESSON

EM CADA UNIDADE HÁ TRÊS LIÇÕES COM VOCABULÁRIO NOVO, CONTAÇÃO DE HISTÓRIAS E ATIVIDADES VARIADAS.

TALKING ABOUT

VOCÊ VAI CONTAR E OUVIR HISTÓRIAS, REALIZAR ATIVIDADES E DISCUTIR IDEIAS COM OS COLEGAS, REFLETINDO SOBRE TEMAS ATUAIS.

GLOSSARY

AQUI VOCÊ ENCONTRA UM GLOSSÁRIO ILUSTRADO COM AS PALAVRAS ESTUDADAS AO LONGO DO LIVRO.

MATERIAL COMPLEMENTAR

HOLIDAY CARDS
CARTÕES DE DATAS COMEMORATIVAS

MEMORY GAME
JOGO DA MEMÓRIA

READER
SNOW, THE DOG

DOMINOES
DOMINÓ

STICKERS
ADESIVOS

ÍCONES

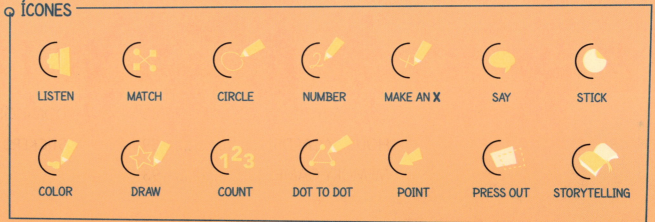

LISTEN   MATCH   CIRCLE   NUMBER   MAKE AN **X**   SAY   STICK

COLOR   DRAW   COUNT   DOT TO DOT   POINT   PRESS OUT   STORYTELLING

CONTENTS

Bruna Assis Brasil/Arquivo da editora

GREETINGS

① LOOK, LISTEN AND SAY. 2

Ilustrações: Ari Nicolosi/Arquivo da editora

(2) COLOR THE PICTURES.

3 FIND 3 DIFFERENCES.

④ COMPLETE AND SAY.

WHAT IS YOUR NAME?

MY NAME IS ....

Ilustrações: Fabiana Salomão/Arquivo da editora

HELLO, TEACHER!

HELLO!
HELLO!
DEAR TEACHER,
HOW ARE YOU?
HELLO!
HELLO!
BOYS AND GIRLS,
I LOVE YOU!

Ari Nicolosi/Arquivo da editora

HAVING FUN AT SCHOOL

1 LOOK, LISTEN AND SAY. 🔊 4 💬

TEACHER

STUDENT

PENCIL

BOOK

ERASER

SCHOOLBAG

DATE ____ / ____ / ____

Ari Nicolosi/Arquivo da editora

2 CIRCLE THE ODD ONES.

Ilustrações: Ari Nicolosi/Arquivo da editora

All Vector Design/Shutterstock

 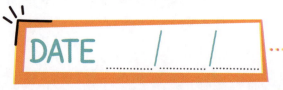 

Daniel Ferreira/Arquivo da editora

 **4** MATCH.

Ilustrações: Ari Nicolosi/Arquivo da editora

5 DRAW YOUR SCHOOL.

WHAT IS INSIDE IT?

THIS IS MY SCHOOLBAG!
THIS IS MY SCHOOLBAG!
WHAT IS INSIDE IT?
WHAT IS INSIDE IT?
BOOK, ERASER, PENCIL!

THIS IS MY SCHOOLBAG!
THIS IS MY SCHOOLBAG!
WHAT IS INSIDE IT?
WHAT IS INSIDE IT?
MANY COLORED PENCILS!
HURRAY!!!

An Nicolosi/Arquivo da editora

COLORS PARTY

① **LOOK, LISTEN AND SAY.** 6

DATE ___ / ___ / ___

2 LISTEN AND COLOR.

Ari Nicolosi/Arquivo da editora

DATE ___/___/___

 ③ MATCH.

BLUE

PINK

YELLOW

RED

4 OBSERVE THE SEQUENCE AND COLOR.

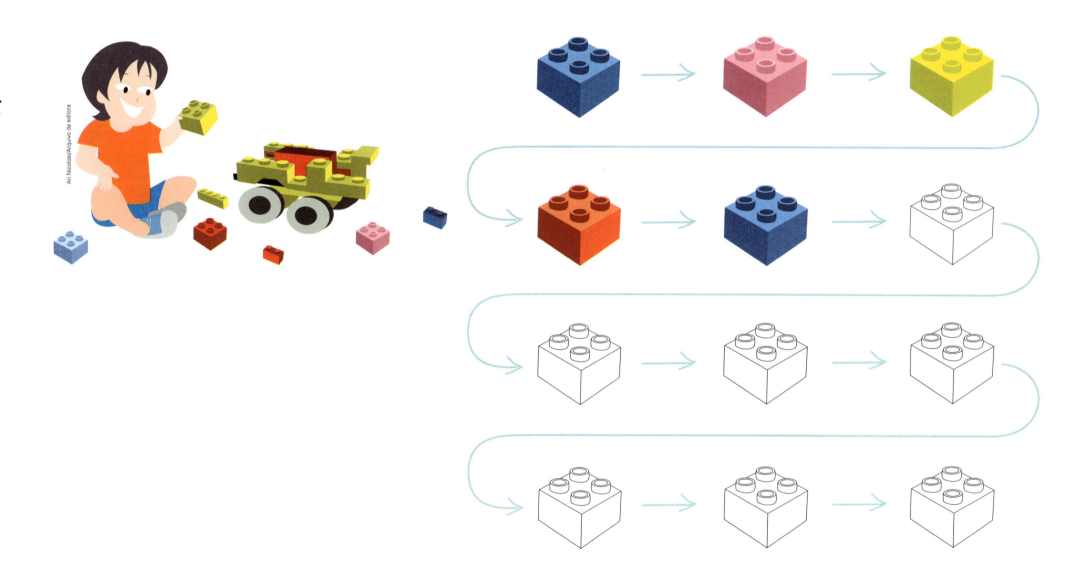

COLORS RAP

RED, YELLOW,
PINK AND BLUE.
SAY THE COLORS
OF THE BALLOONS.

RED, YELLOW,
PINK AND BLUE.
SO I AM HAPPY
TO PLAY WITH YOU.

DATE ___/___/___

TALKING ABOUT

KINDNESS

① LOOK AND TELL A STORY.

FAMILY MEMBERS

1 LOOK, LISTEN AND SAY. 8

Ari Nicolosi/Arquivo da editora

③ LISTEN AND STICK.

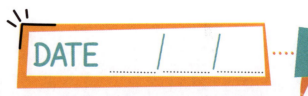

4 DOT TO DOT.

5 DRAW YOUR FAMILY.

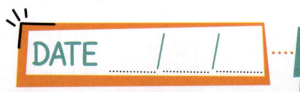

MY FAMILY

DAD, MOM,
SISTER AND ME,
I LOVE MY FAMILY!
I LOVE MY FAMILY!

DAD, MOM,
BROTHER AND ME,
I LOVE MY FAMILY!

DATE __/__/__

NUMBERS

① LOOK, LISTEN AND SAY. 🔊 10 💬

ONE

TWO

THREE

FOUR

FIVE

Ilustrações: Ari Nicolosi/Arquivo da editora

DATE ___/___/___

② DOT TO DOT.

③ DRAW THE CANDLES.

1

2

Ilustrações: Ari Nicolosi/
Arquivo da editora

3

4

5

COMPLETE WITH THE MISSING NUMBERS.

1   2   3   5

1   3   4   5

1   2   4   5

1   2   3   4

2   3   4   5

5 COUNT AND NUMBER.

LET'S SING!

CLAP NUMBERS

ONE, TWO,
CLAP, CLAP.
THREE, FOUR, FIVE.
CLAP, CLAP.
CLAP HANDS,
CLAP, CLAP.
ONE, TWO,
THREE, FOUR, FIVE.

Ari Nicolosi/Arquivo da editora

1 2 3 4 5

2 LISTEN AND CIRCLE.

3 FIND 4 DIFFERENCES.

Ilustrações: Lucio Bouvier/Arquivo da editora

④ MAKE AN **X**.

☐ HAPPY

☐ SAD

☐ HAPPY

☐ SAD

Ilustrações: Lucio Bouvier/Arquivo da editora

5 POINT AND CIRCLE.

Rawpixel.com/Shutterstock

Felix Mizioznikov/Shutterstock

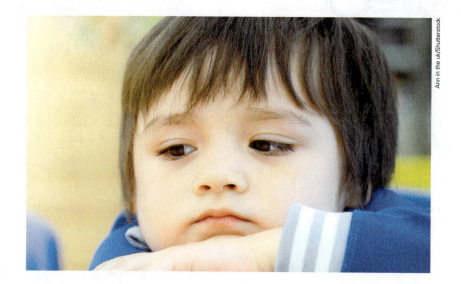

Ann in the uk/Shutterstock

LET'S SING! 13

MY FRIENDS

HELLO, BOYS!
HELLO, GIRLS!
ARE YOU HAPPY?
ARE YOU HAPPY?

YES, YES, WE ARE!
YES, YES, WE ARE!
WE ARE FRIENDS!
HAPPY FRIENDS!

Fabiana Salomão/Arquivo da editora

IT'S YOUR TURN!

LET'S MAKE A FEELINGS PANEL

① **LOOK AND SAY.**

HAPPY

SAD

② **DRAW.**

LESSON 7

TOYS

1 LOOK, LISTEN AND SAY. 14

BALL

DOLL

BIKE

TEDDY BEAR

TOY CAR

DATE ___ / ___ / ___

46

2 CIRCLE AND COUNT.

 ③ STICK.

4 LISTEN, DRAW AND COLOR.

ODD ONE OUT.

MY TOYS

I HAVE A NEW TOY!
CAN YOU GUESS?
CAN YOU GUESS?

IS IT A BIKE?
NO! NO! NO!
IS IT A DOLL?
NO! NO! NO!

NOW, I KNOW!
NOW, I KNOW!
IT IS A BALL!
THAT IS RIGHT!

Fabiana Salomão/Arquivo da editora

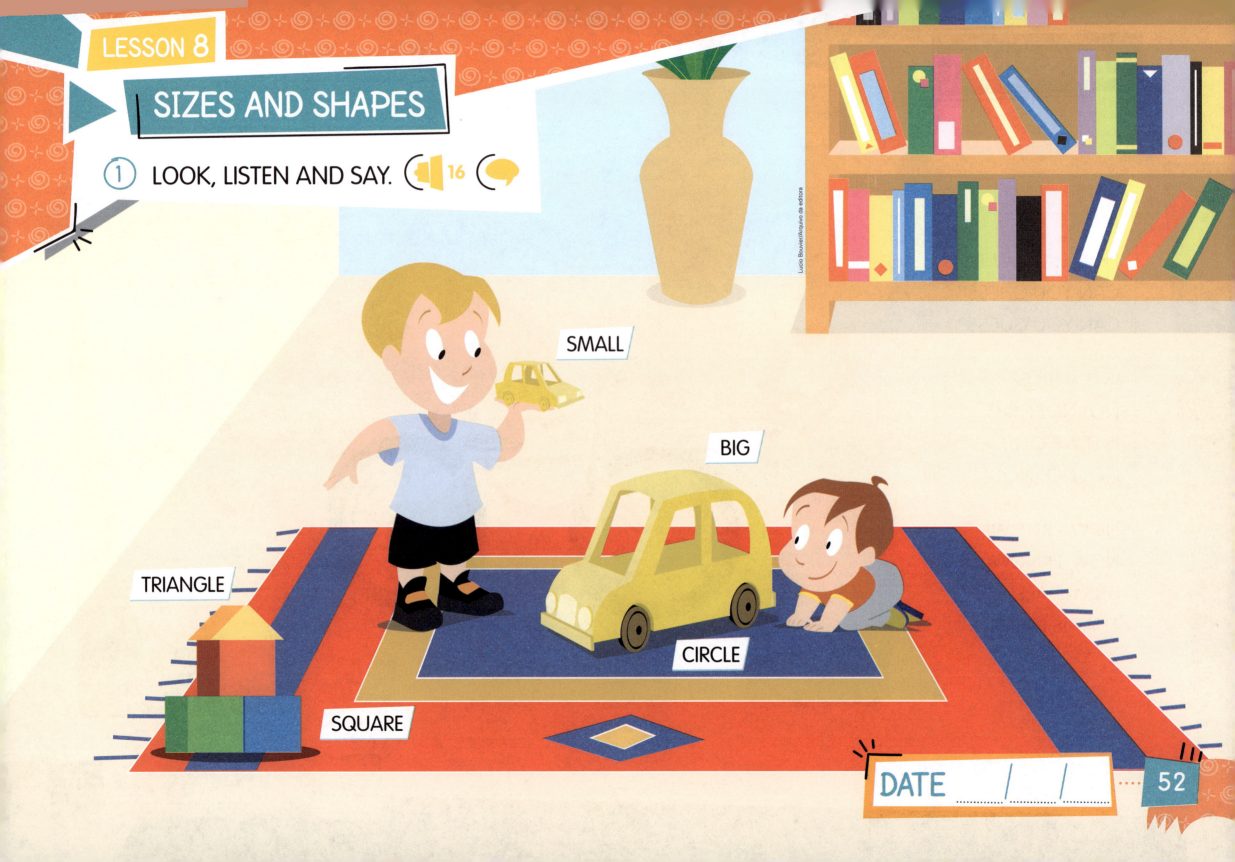

② CIRCLE THE BIG TOYS.

Ilustrações: Lucio Bouvier/Arquivo da editora

3 LISTEN AND DRAW.

BIG PENCIL

BIG TOY CAR

SMALL BALL

SMALL BOOK

4 MATCH.

○　　　　　□　　　　　△

     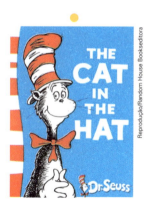

DATE ___ / ___ / ___

5 COMPLETE THE SHAPES AND COLOR.

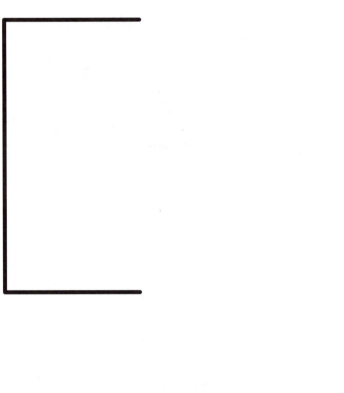

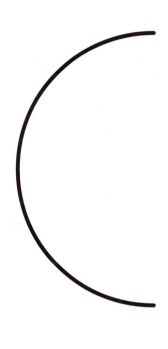

THE SHAPES SONG

DRAW A SQUARE!

DRAW A CIRCLE!

DRAW A TRIANGLE!

BIG OR SMALL?

SQUARES!

CIRCLES!

TRIANGLES!

EVERYWHERE!

LESSON 9

LET'S MOVE!

① LOOK, LISTEN AND SAY. 18

WALK

JUMP

RUN

DATE ___ / ___ / ___

SIT DOWN

RAISE YOUR HANDS

STAND UP

TURN AROUND

DATE ____ / ____ / ____

③ MATCH THE PICTURES.

Ilustrações: Lucio Bouvier/Arquivo da editora

4 FIND 4 DIFFERENCES.

⑤ LISTEN AND MAKE AN **X**. ✏️

LET'S MOVE

LET'S MOVE, EVERYBODY!

WALK, WALK.

RUN, RUN.

JUMP, JUMP.

WALK, JUMP, RUN.

WALK, JUMP, RUN.

LET'S MOVE, EVERYBODY!

AND LET'S HAVE FUN!

TALKING ABOUT

RECYCLING

① LOOK AND TELL A STORY.

Ilustrações: Fabiana Shizue/Arquivo da editora

LESSON 10

AT HOME

① LOOK, LISTEN AND SAY. 🔊 20 💬

APARTMENT BUILDING

WINDOW

DOOR

HOUSE

PLAYGROUND

DATE ___ / ___ / ___

66

② FIND THE WAY.

④ MATCH.

Stor24/Shutterstock

Roman Babakin/Shutterstock

João Prudente/Pulsar Imagens

draft_ee20/Shutterstock

Victor Hugo K F/Shutterstock

yoshi0511/Shutterstock

5 DRAW YOUR HOME.

MY HOME

THIS IS MY HOUSE!
COME IN, COME IN.
THIS IS MY HOUSE!
COME IN, COME IN.
LET'S PLAY,
LET'S PLAY!
AT HOME, TODAY!

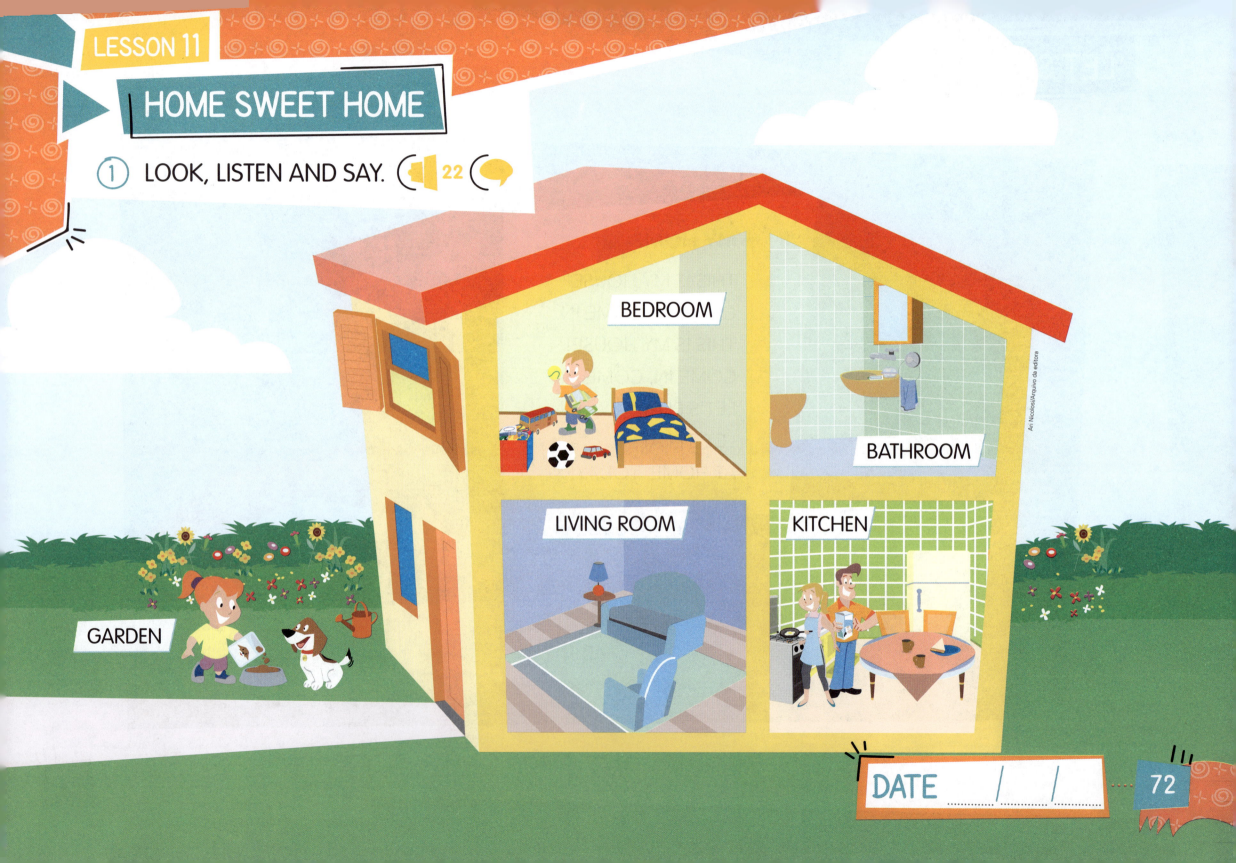

LESSON 11

HOME SWEET HOME

1 LOOK, LISTEN AND SAY. 22

BEDROOM

BATHROOM

LIVING ROOM

KITCHEN

GARDEN

Ari Nicolosi/Arquivo da editora

② MAKE AN **X.**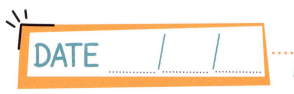

☐ BATHROOM ☐ BEDROOM ☐ KITCHEN ☐ LIVING ROOM

3 LISTEN AND NUMBER THE SEQUENCE.

4 FIND 4 DIFFERENCES.

 **5 STICK.**

Fabiana Salomão/Arquivo da editora

MY HOUSE

THIS IS MY HOUSE.
THIS IS MY FAMILY.
THIS IS THE KITCHEN.
THIS IS THE BATHROOM.

THIS IS THE LIVING ROOM.
THIS IS THE GARDEN.
THIS IS MY BEDROOM.
THIS IS MY TEDDY BEAR.

I LOVE MY TEDDY BEAR!
I LOVE MY BEDROOM!

I LOVE MY HOUSE!
I LOVE MY FAMILY!

DATE ___/___/___

MY BEDROOM

1 LOOK, LISTEN AND SAY. 24

PILLOW

BLANKET

BED

TOY BOX

DATE ___ / ___ / ___

Ari Nicolosi/Arquivo da editora

2 CIRCLE THE ODD ONES.

3 DOT TO DOT AND COLOR.

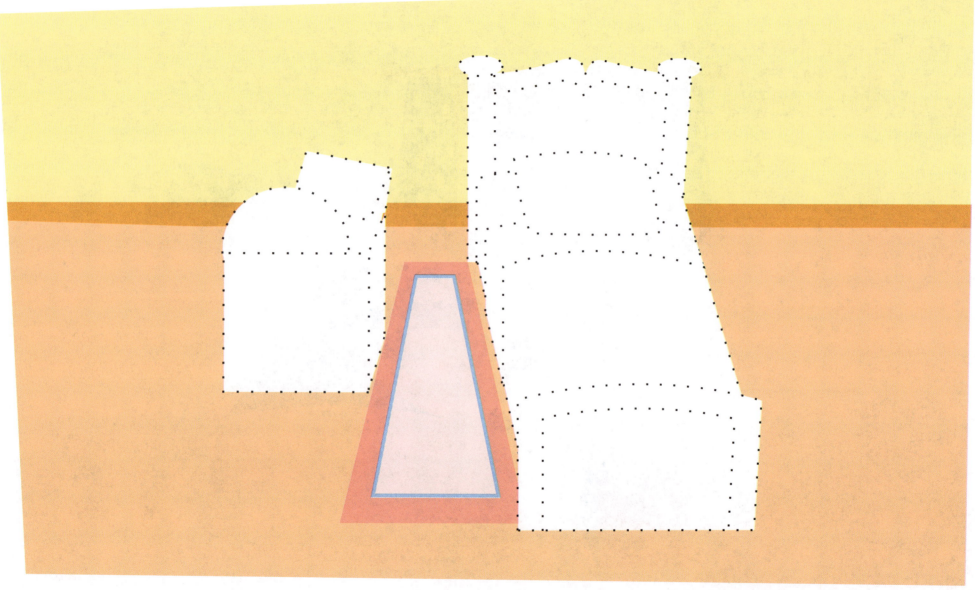

4 COUNT. 1²3

5 MATCH.

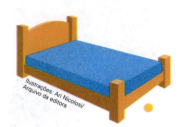

Ilustrações: Ari Nicolosi/Arquivo da editora

Anatolir/Shutterstock

MY BEDROOM

BED, PILLOW, BLANKET,
TOYS AROUND THE ROOM,
THIS IS MY BEDROOM.
I LOVE MY BEDROOM!
IT IS MY FAVORITE ROOM!

Lorelyn Medina/Shutterstock

IT'S YOUR TURN!

LET'S MAKE A NEIGHBORHOOD MAP!

① **LOOK AND SAY.**

② **MAKE AN X.**

UNIT 1

BLUE

BOOK

BYE-BYE!

COLORED PENCILS

ERASER

HELLO!

NOTEBOOK

PEN

PENCIL

PENCIL CASE

PINK

RED

SCHOOLBAG

STUDENT

TEACHER

YELLOW

UNIT 2

BOY

BROTHER

CANDLE

DAD

FAMILY

FIVE

5

FOUR

4

FRIENDS

GIRL

HAPPY

MOM

ONE

1

SAD

SISTER

THREE

3

TWO

2

UNIT 3

BALL

BIG

CIRCLE

DOLL

JUMP

RAISE YOUR HANDS

RUN

SIT DOWN

SMALL

SQUARE

STAND UP

TEDDY BEAR

TOY CAR

TRIANGLE

TURN AROUND

WALK

UNIT 4

APARTMENT BUILDING

BATHROOM

BED

BEDROOM

BLANKET

DOOR

FLOWER

GARDEN

HOUSE

KITCHEN

LIVING ROOM

PLANT

PLAYGROUND

PILLOW

TOY BOX

WINDOW

HAPPY THANKSGIVING DAY!

HAPPY FAMILY DAY!

THANKS FOR...

MERRY CHRISTMAS
AND
HAPPY NEW YEAR!

FROM: ....

TO: ....

FROM: ....

TO: ....

HAPPY
EASTER!

I

FROM: ....

TO: ....

YOU!

Parte integrante da coleção Marcha Criança – Língua Inglesa – Educação Infantil

MARCHA CRIANÇA

EDUCAÇÃO INFANTIL
LÍNGUA INGLESA 1

MEMORY GAME AND DOMINOES

editora scipione

NAME:

CLASS:

91

GLUE

FOLD

FOLD

GLUE

MEMORY GAME

DOLL

DOLL

TOY CAR

TOY CAR

BIG BALL

BIG BALL

TEDDY BEAR

TEDDY BEAR

SMALL BALL

SMALL BALL

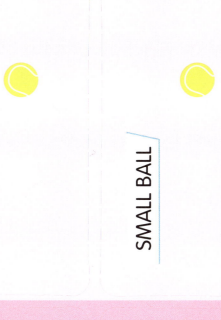

BIKE

BIKE

Ilustrações: Ari Nicolosi/Arquivo da editora

3	•	4	•	2	::	5	::·
1	•	4	::·	4	•	5	::
1	••	5	••	1	••	1	::·
2	••	3	::	3	••	5	•
4	::	3	••	2	::·	2	•

Ilustrações: Ari Nicolosi/Arquivo da editora

STICKERS

PAGE 22

Ilustrações: Ari Nicolosi/Arquivo da editora

PAGE 28

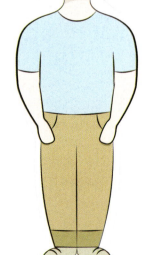   

Ilustrações: PcheleMajka/Shutterstock

STICKERS

PAGE 48

Ilustrações: Ari Nicolosi/ Arquivo da editora

PAGE 76

BlueRingMedia/Shutterstock

BlueRingMedia/Shutterstock

StockSmartStart/Shutterstock